DISCOURS

SUR

LA PROFESSION D'AVOCAT.

DISCOURS

SUR LA PROFESSION

DE L'AVOCAT.

QUI A REMPORTÉ LE PREMIER PRIX
D'ÉLOQUENCE,

A L'UNIVERSITÉ DE JURISPRUDENCE.

ET qui a été lu par son auteur, M. BOUTARD,
dans la séance solemnelle de l'Université,
du 3 fructidor an 12 , présidée par
M. MURAIRE, Conseiller d'Etat et premier
Président de la Cour de Cassation;

AN XIII.—1804.

A MES PERE ET MERE.

TÉMOIGNAGE
D'AMOUR, DE RESPECT
ET DE RECONNAISSANCE.

Je parlerai toujours bien de ce qui est juste, honnête et vertueux, parce que j'ai toujours, présens à ma pensée, et vos leçons et votre exemple.

F.-D. BOUTARD.

DISCOURS

SUR

LA PROFESSION D'AVOCAT,

Messieurs,

Je vais parler de la profession de l'Avocat : quel sujet plus digne d'être offert à
nos méditations, plus capable d'enflammer
nos ames ?

Etudier les ressorts ingénieux et savans
qui font mouvoir tout le système social ; in-
terroger sans cesse les grands modèles ; se
nourrir de leur substance, et leur arracher

en quelque sorte le secret de leur génie; exercer, sur les ames, par le charme de l'éloquence, le pouvoir le plus doux et le plus
flatteur peut-être accordé à l'humanité; conserver son indépendance au milieu des plus
grandes dissensions politiques; faire pâlir le
vice puissant; rassurer la vertu sans défense; s'imposer la douce obligation de donner l'exemple de toutes les vertus privées;
consacrer sa vie à la faiblesse, à l'innocence
et au malheur; annoblir, à force de désintéressement, les dons d'une juste reconnaissance; voir couronner ses travaux par l'estime de ses concitoyens, par les bénédictions
des heureux qu'on a faits : voilà l'Avocat,
voilà ses travaux, sa récompense, ses vertus,
ou plutôt ses devoirs; voilà, jeunes émules,
l'honorable carrière que nous allons parcourir; voilà les trophées qui nous y attendent.

J'entends souvent reprocher à l'étude du
droit une aridité repoussante. Je conçois
que ces hommes qui ne voient et ne jugent
que la superficie des choses, puissent être
effrayés de ces immenses compilations de

lois; mais celui qui, avec un œil plus péné-
trant, sent le besoin de remonter sans cesse
aux causes premières, ne voit pas, sans une
admiration reconnaissante, comment la propriété s'acquiert, se conserve, se transmet ;
avec quelle sollicitude paternelle la loi veille
aux intérêts du faible ; de quel respect elle
ntoure les institutions vertueuses ; comment
'établissent les rapports de famille ; par
juelles nombreuses précautions la loi assure
'état de chaque citoyen.

Le vulgaire qui ne voit jamais les ressorts
achés, n'imagine rien de plus simple que
e mécanisme politique, et comme il voit
es globes lumineux rouler dans l'espace,
ans soupçonner qu'il existe une force qui,
es retenant sans cesse dans leurs orbes res-
ectifs, leur défend de bouleverser l'uni-
ers ; de même il jouit des bienfaits de la so-
iété, sans se douter que ce n'est qu'à la fa-
eur de lois protectrices qui opposent sans
esse aux passions des hommes un frein vic-
rieux, et sans lesquelles sa fortune, sa vie,

l'honneur de son épouse et de sa fille ne se-
raient bientôt plus en sûreté.

Voilà, Messieurs, voilà les effets d'autant
plus miraculeux, que leur cause en est moins
sensible, qui sont sans cesse présens à la
pensée de l'Avocat, et qui réveillent à chaque instant son attention fatiguée.

Car ne dissimulons rien. Certains détails
offrent sans doute une grande aridité ; mais
aussi à côté, quelle route fleurie ! Modèles
de tous les siècles, grands hommes dont
les images sont encore les emblêmes de l'éloquence, Démosthènes, Cicéron ! c'est avec
vos écrits immortels que nous venons tous
les jours monter nos ames à ce ton brûlant
et pathétique, insinuant et persuasif qui
fait le désespoir de tous ceux qui marchent
sur vos traces. Transportés avec vous tantôt
devant le peuple d'Athènes, tantôt dans le
Forum romain, nous y voyons pâlir les amis
de Philippe, ou le brigand de la Sicile. C'est
dans ces grands tableaux que nous venons
chercher ces commotions électriques qui

seules enfantent les grandes choses ; ce n'est qu'en s'identifiant avec vous qu'on peut vous ravir une étincelle de ce feu sacré qui vous embrâsait.

Cet espoir , je le sais, est téméraire : il y a si loin de quelques éclairs d'imagination, au génie d'un de ces hommes immortels qui , placé comme le flambeau de l'univers à une distance incommensurable, voit les siècles s'écouler sans jamais rien perdre de son éclat.

Mais n'oublions pas non plus , Messieurs, car le découragement n'a jamais servi qu'à étouffer le germe des talens , n'oublions pas que ces grands hommes trouvèrent aussi des modèles à suivre et peut-être à redouter ; que ce fut dans leur juste et brûlante admiration pour ces modèles, qu'ils trouvèrent le moyen de les égaler, de les surpasser quelquefois ; et voilà, oui, voilà, j'ose le dire , par quel secret un grand homme apprend à surpasser le grand homme qui l'a produit.

Ces beaux jours de l'éloquence ne sont plus , dit-on ; il y a loin de ces causes auxquelles se trouvait lié le sort des nations , et qu'on plaidait dans une place publique devant tout un peuple assemblé, à ces froides discussions sur les intérêt de quelques particuliers, renfermées dans les murs étroits d'un tribunal. Mais le barreau moderne voit aussi quelquefois les yeux de l'Europe entière fixés sur lui, et si la voix de l'orateur ne tonne pas dans une vaste enceinte, des écrits périodiques portent bientôt ses paroles aux extrémités du monde. D'ailleurs, a-t-on oublié qu'il existe, dans notre système politique, un Sénat, un Tribunat , où les intérêts de la nation, des alliés, peuvent avoir besoin d'une bouche éloquente? N'existe-t-il pas auprès du souverain un conseil où la voix mâle de la vérité se fait tous les jours entendre , où sont d'abord débattues ces grandes questions d'intérêt public qui offrent un champ si vaste à l'éloquence. On me dira que je parle ici de l'homme d'état plutôt que de l'Avocat; mais personne ignore-t-il que c'est dans le barreau que se sont formés et nos orateurs et nos hommes d'état ? et n'en voyons-nous pas que leur modestie m'empêche ici de nommer, dont les talents honorent le conseil du Souverain, après avoir long-temps honoré le barreau et la magistrature (1) ?

Mais ne sortons pas du cercle que nous nous sommes tracé ; la profession de l'Avocat offre assez de jouissances au cœur, à l'esprit assez d'alimens, pour se suffire à elle-même. Et quelles études plus vastes que celles qu'elle embrasse ? Le flambeau de l'histoire lui découvre l'esprit et l'origine d'une foule d'institutions qu'il lui importe de connaître : la législation lui montre, dans le code de ce peuple roi dont la destinée était de n'enfanter que des prodiges, le monument le plus majestueux que les hommes aient élevé à la raison, à la sagesse, à la justice.

Eh que parlai - je de Rome et de prodi-

____

(1) Monsieur MURAIRE, Conseiller d'Etat, premier Président de la Cour de Cassation, qui présidait la séance.

ges ? Napoléon a dit : Que la France ait un code digne d'elle, et le code civil a paru ; et ce qu'on n'avait pu faire dans une longue suite de siècles a été l'ouvrage de quelques instans. Gloire et reconnaissance à celui qui en conçut la pensée, à tous ceux qui l'exécutèrent !

La logique lui dévoile les secrets du raisonnement ; les sciences exactes et naturelles lui donnent cette rectitude de jugement, ces méthodes simples et grandes qui n'appartiennent qu'à elles ; les belles lettres lui enseignent à parer son discours de couleurs convenables : car n'oublions jamais, Messieurs, que plaire, c'est déja persuader à moitié ; la philosophie lui apprend à sonder le cœur humain, elle lui en présente les replis comme un livre sans cesse ouvert devant lui , et qu'il doit sans cesse méditer, parce qu'il est toujours nouveau pour l'œil de l'observateur.

Parmi les objets de ses études, il en est encore un que je ne dois point oublier, et que l'orateur grec mettait avant tout , je veux dire l'*action*. Il en sentait bien le prix, sans doute , lorsqu'il allait réciter ses premiers ouvrages sur les bords de la mer dont les vagues mugissantes lui représentaient la fureur du peuple que déja il s'accoutumait ainsi à braver.

On me dira peut-être que tant de connaissances ne sont pas rigoureusement nécessaires ; mais a - t - on oublié la terrible responsabilité qui pèse sur la tête de l'Avocat ? N'est-ce pas, en quelque sorte, sous la foi publique, qu'un malheureux lui confie le soin de sa fortune, de son honneur et de sa vie ? Eh bien ! si, par une ignorance homicide, il laisse la loi dépouiller l'opprimé en faveur de l'oppresseur, reverser la honte sur une famille respectable, traîner un innocent à l'échaffaud, ne devient-il pas, en quelque sorte , coupable lui-même de tous les crimes qu'il laisse accumuler ? Ne doit-il pas compte à la société de toutes les injustices qu'elle la force à commettre ? du sang innocent qu'elle lui laisse répandre ?

Je l'avoue, Messieurs ; cette idée terrible jette l'effroi dans mon cœur , et je doute si jamais je suis appelé à défendre de grands intérêts, que tout mon zèle, mes soins, mes jours , mes veilles me mettent entièrement à l'abri de mes reproches, si je succombe dans mes efforts. Cette terreur, j'aime à le croire, est peut-être le fruit d'un peu d'i-nexpérience; mais qu'elle apprenne du moins à l'imprudent qui croirait pouvoir se faire un jeu de ces fonctions délicates , qu'il se doit tout entier aux malheureux dont il s'est proclamé le défenseur.

Oui , Messieurs , tout entier, et sa vie même ne lui appartient plus. Un homme obscur est opprimé par un homme puissant : ni les lois qui veillent à l'honneur des familles , ni l'inviolabilité du seuil que défendent les Pénates, ni la vigilance paternelle n'ont pu dérober une fille vertueuse aux poursuites d'un infame ravisseur : le malheureux père privé de son bien le plus cher, implore le secours des tribunaux et demande un vengeur.

Mais il s'agit de dévoiler un grand for-
fait, d'appeler la sévérité des lois sur une
tête élevée ; mille sicaires lui sont vendus,
votre premier mot va peut-être devenir le
signal de votre mort : parlez alors, tonnez
au milieu des poignards assassins, que votre accent mâle et terrible porte, dans le
cœur de vos juges, toute l'indignation dont
vous êtes rempli vous-même ; que le coupable
et ses vils soutiens pâlissent devant vous.
Ce n'est plus un seul opprimé que vous dé-
fendez, c'est l'honneur de toutes les familles,
c'est la loi elle-même : et vous pourriez connaître la crainte ? Et Verrès aussi pouvait
soudoyer des brigands, et Catilina aussi
avait des sicaires à ses ordres ; mais Cicéron foudroya Verrès et Catilina, et les sicaires et les brigands rentrèrent dans la
poussière.

Je sais qu'un de ces êtres pervers qu'il
avait signalés à l'indignation du peuple romain, nourrit dans son cœur une haine homicide, et que la première condition d'un

traité de paix fut l'assassinat du plus grand des orateurs, d'un des plus vertueux citoyens de Rome. Mais loin de redouter un pareil sort, envions une aussi belle mort. Peut-être quelques taches légères avaient terni l'éclat de sa vie; sa mort glorieuse les effaça toutes, et le coupable triumvir commença dès-lors une immortalité de gloire pour Cicéron, pour lui une immortalité d'opprobre.

Mais écartons nos regards de cette sanglante image, et fixons-les encore un instant sur les vertus de l'orateur romain.

Ici, Messieurs, je dois vous dévoiler par quel secret il exerça, sur les ames, un pouvoir magique. Sa plus grande force, ne nous le dissimulons pas, fut dans une vie exempte de reproches, dans l'exercice journalier de toutes les vertus privées. Malheur à vous, si le juge, en vous voyant, n'est pas déja persuadé qu'il va entendre la vérité sortir de votre bouche! Malheur à vous, si vous ne pouvez faire l'apologie de la vertu sans faire votre propre satyre!

Les grandes pensées viennent du cœur, a dit un éloquent écrivain : oui, sans doute, mais d'un cœur que n'habitèrent jamais la débauche, l'envie, le vil intérêt, les passions haineuses. De quel front viendrez-vous accuser l'adultère, si votre vie est un scandale public ? Comment oserez-vous parler du repos des familles, si tous les jours vous y portez vous-même la discorde ? Où puiserez-vous ces accens mâles et énergiques, si la mollesse a dégradé votre ame ? En vain vous flatteriez-vous de trouver, dans les ressources de l'esprit, cette chaleur, cet enthousiasme qui n'appartiennent qu'à une ame vierge, le juge qui n'est point la dupe de tous ces mouvemens étudiés, de cette chaleur factice, s'indigne de votre audace, et garde, pour vous seul, toute l'indignation dont vous deviez l'animer contre le vice.

C'est encore par l'exercice de ces vertus aimables que vous apprendrez à ne point franchir la juste limite des convenances. Gardez - vous sur-tout d'imiter ces hommes qu'on a si justement appelés des *Marchands de paroles empoisonnées*, qui, croyant pouvoir suppléer, par des injures, à la faiblesse de le urs droits, transforment le barreau en une arène de gladiateurs, et font un vil métier de la plus belle des professions.

Eh quoi! lorsque la loi institue des tribunaux pour veiller aux intérêts de tous; lorsque, jalouse de nous conserver le moindre de nos droits, elle établit mille formes lentes et conservatrices; lorsque, tremblante dans ses jugemens, elle croit avoir besoin de plusieurs épreuves pour les confirmer, vous osez, vous, seul, sans ministère, sans aucune forme, vous ériger en juge suprème de l'honneur d'un citoyen, et le couvrir d'une tache qu'il n'effacera peut-être jamais!

Magistrats! prenez-y garde; si vous n'imposez silence au diffamateur, à quoi servent vos jugemens? à quoi bon rendre à un citoyen la propriété qu'on lui a enlevée, si l'on peut impunément, devant vous, lui

ravir son honneur , le plus cher de tous
ses biens?

Cet écueil n'est pas le seul à éviter. Il en
est encore un non moins dangereux, que
je dois me hâter de signaler.

Le premier devoir de l'Avocat est de n'ê-
tre jamais l'organe que de la justice et de la
vérité. Aussi inflexible, aussi inexorable que
le Magistrat lui-même, il doit, le premier,
juger la cause qu'on lui soumet, et refuser
son ministère à la chicane et à la mauvaise
foi.

Eh quoi! me dira-t-on, faudra-t-il re-
pousser un homme qui, depuis de longues
années, a placé en nous toute sa confiance ,
et qui , malgré nos observations , veut
courir la chance des tribunaux ? Un pareil refus le forcerait à chercher un autre
défenseur moins délicat , et l'on verrai,
ainsi diminuer chaque jour le nombre de ses
clients.

Je vous entends, vous me parlez d'intérêt. Eh bien ! je soutiens que votre intérêt lui-même vous commande la conduite que je vous trace. Vous perdrez un client riche, puissant ; je le veux. Mais songez à l'opinion qu'il donnera de vous, lorsqu'il dira : Un homme en qui j'avais placé toute ma confiance, me refuse aujourd'hui son ministère, parce qu'il croit mes prétentions injustes. Je ne sais, Messieurs, si je me trompe ; mais il me semble qu'une pareille plainte est le plus bel éloge qu'on puisse faire de l'Avocat.

D'ailleurs, ce même homme, d'abord outragé par vos refus, apprendra bientôt par une funeste expérience, qu'il eût mieux fait de suivre vos conseils, et vous le verrez retourner auprès de vous, plein d'une juste admiration pour vos talens et vos vertus.

Mais écartons d'aussi frivoles considérations. L'intérêt serait-il votre unique mobile ? Votre devoir, votre réputation, votre honneur ne seraient-ils comptés pour rien ? Ah ! si l'or seul a pour vous quel-

qu'attrait , si les richesses vous paraissent
au-dessus de l'estime de vos concitoyens ,
au-dessus de votre propre estime , abandonnez bien vîte cette noble carrière. Il n'est pas
digne du beau nom d'Avocat, celui dont
l'ame vénale, au lieu de peser la justice de
ses causes , ne met dans la balance que l'or
qu'elles lui promettent.

Où sera donc, dites-vous, le prix de tant
de travaux , de tant de sacrifices ? dans le
cœur de l'Avocat. Non que je veuille le pri-
ver des dons de la reconnaissance ; mais il est
un prix mille fois au-dessus : suivez-le quelques instans avec moi dans l'exercice de ses
fonctions , et, si vous avez le cœur d'un
homme, vous apprendrez à connaître d'autres
jouissances.

Un père de famille vient d'être jeté dans
les fers ; mille soupçons planent sur sa tête ,
et la prudence, si impérieuse dans les me-
sures d'état , a forcé les dépositaires de
l'autorité à le livrer aux tribunaux. Quel
moment pour lui ! Il va bientôt paraître de-

vant ses juges, devant des hommes que les préventions, que les apparences, que de faux rapports peuvent tromper. Son innocence, loin de le rassurer, lui fait peut-être envisager avec plus d'effroi le sort du malheureux qui, avec un cœur pur, marche à l'echaffaud couvert d'opprobre. A ces afreux pressentimens se joint le spectacle de sa famille qu'il laisse en proie au besoin, et sur qui va rejaillir sa honte toute entière. Ces fers, ce cachot, ces verroux, ce lugubre appareil, tout porte le désespoir dans son ame. Si du moins, dans ce lieu de douleur, il pouvait presser ses enfans sur son sein, leur consacrer les derniers instans d'une vie qu'il n'ose plus dire lui appartenir ; si l'amitié pouvait, de sa voix consolante, adoucir son malheur et ses craintes ; mais une porte de fer le sépare de la société entière. On dirait qu'elle redoute en lui le souffle empoisonné du vice.

Qui soutiendra son courage dans ces terribles momens ? Il demande un défenseur,

et les portes de la prison se sont ouvertes:
et l'Avocat paraît dans ce lieu de larmes
comme un ange consolateur. Il n'a pas encore parlé, et déja il voit ce malheureux
renaître à la vie. Oh! de quel caractère au-
guste il est alors revêtu! Avec quelle confiance l'accusé lui ouvre son ame toute entière. Il le voit pour la première fois, et
déja sans crainte, presque sans honte, il lui
fait l'aveu de ses erreurs, de ses imprudences,
de ses faiblesses, de ses vices même : il le
regarde comme son ami le plus tendre,
comme son libérateur.

L'Avocat habile qui voit la preuve de son
innocence, a déja porté la paix dans cette
ame ulcérée.

Cependant le moment fatal arrive; on amène
l'accusé en présence du tribunal armé de la
foudre qui punit les délits; son acte d'accu-
sation est lu ; un grand crime lui est repro-
ché, et par une inconséquence peu honorable pour l'humanité, le peuple, que les scè-
nes déchirantes, que l'appareil des jugemens

attire toujours en foule dans les tribunaux ;
le regarde déja avec le mépris et l'indignation qu'inspire le crime. Les juges eux-mê-
mes ne peuvent se défendre de quelque
prévention.

Mais l'avocat parle, et à sa voix, les nua-
ges se dissipent, le jour pur de la vérité
commence à luire, la douce pitié, l'estime
remplacent, dans tous les cœurs, la fureur et le mépris. Il semble maîtriser toutes les ames, gouverner toutes les volontés
Tantôt, comme un torrent à qui rien ne ré-
siste, il entraîne avec lui toutes les opinions ;
tantôt il les mène à l'indulgence ou à la
clémence par une route fleurie ; tour à tour il
porte dans les ames la terreur ou la paix,
l'espérance ou la crainte, l'amour ou la
haine....Rien ne manque plus à son triomphe :
le tribunal a proclamé l'innocence de l'accusé.

Ses fers sont à peine brisés qu'il est déja
dans les bras de son défenseur : il voudrait

pouvoir lui donner une vie qu'il croit lui devoir toute entière....

Mais quel moment pour l'Avocat, lorsque, le ramènant dans sa famille, il dit à la veuve: voilà ton époux ; aux orphelins: voilà votre père! Qu'on se figure, s'il est possible, le bonheur de tous ces êtres, et qu'on me dise si l'humanité comporte de plus douces jouissances.

J'ose même dire plus, et je mets celles de l'Avocat bien au - dessus de celles de son client.

Sans doute, la pensée d'échapper à un supplice infame, d'être rendu à la vie, à sa famille, à l'honneur, doit remplir l'ame d'une ivresse bien douce ; mais n'y a-t-il pas une satisfaction intérieure plus forte, quelque chose de plus pur, de plus céleste, si je puis ainsi parler, dans la pensée de l'Avocat qui peut se dire : J'ai sauvé l'honneur et la vie à ce malheureux: j'ai arraché une famille à la misère et à l'opprobre : j'ai conservé un citoyen à la société. L'accusé, rendu à ses jouissances , à ses occupations, sent s'affaiblir chaque jour le souvenir de ses malheurs. Rien n'altère jamais, dans l'Avocat, cette voix intérieure qui lui crie : Tu as fait ton devoir, tu as fait une bonne action.

Croyez-vous , Messieurs , qu'il ne soit pas à l'abri des caprices du sort, au-dessus de l'injustice des hommes, celui qui , tous les jours de sa vie, amasse pour sa vieillesse un pareil trésor de souvenirs. Arrivé au terme fatal , il peut sans remords , que dis-je , avec délices , jeter ses regards en arrière. Il n'a fait que passer sur cette terre d'exil ; mais au moins, son passage a été marqué par quelques bienfaits : aucun regret, aucune crainte n'empoisonnent ses derniers momens. Et que pourrait-il craindre, celui dont la vie fut consacrée à essuyer les larmes du malheur ; celui que la puissance ne put intimider, que l'or ne put corrompre, que l'amour de ses semblables anima toujours ? Il voit sans effroi sa tombe s'ouvrir , et il y descend au milieu des sau-

glots et des bénédictions de ses amis, de sa
famille, des heureux qu'il a faits.

Voilà, Messieurs, quelle idée je me fis
de l'Avocat, dès le moment où j'entrai dans
cette noble carrière. J'interrogeai mon cœur
bien plus que les leçons de l'expérience, et je
sens qu'il ne m'a point trompé.

Mais qu'entends-je? quelle voix importune
m'accuse de n'avoir peint qu'une chimère?
Ah! j'en appelle à vous tous, jeunes émules
avec qui, sous les bannières de l'amitié,
j'ai fait les premiers pas dans la carrière, est-
il dans ce tableau un seul trait qui soit celui
du mensonge, une seule couleur qui soit celle
de la flatterie, une seule pensée que j'aie
puisée autre part que dans vos cœurs?

Que dis-je? Pardonnez, ombres des
Daguesseau, des Cochin, des Gerbier, des
Malesherbes..... On m'a accusé d'avoir exa-
géré les vertus de l'Avocat, et je ne vous
ai pas nommés! Ah! venez confondre les
clameurs de l'envie..... Mes vœux sont exau-

cés ; je vois vos ombres respectables se presser autour de moi. Tout ce que ma patrie
produisit de grands hommes dans la magistrature et le barreau m'apparaît à vos côtés.
Dieux! quel assemblage de talens et de vertus! Qu'on ne me parle plus de cet aréo-
page si vanté, de cet antique sénat de rois;
je me crois transporté avec vous au conseil
des Dieux; je crois revivre dans ces demeures
célestes, éternel asile de bonheur préparé
à la vertu.....

Images sublimes, pensées énivrantes, ne
m'abandonnez jamais : que ma vie ne soit pas
inutile aux hommes : que des travaux sans re-
lâche consacrés à leur bonheur me donnent
quelques droits à leur reconnaissance : que
mon nom soit un jour associé à ceux de ces
bienfaiteurs de l'humanité, et en fermant
ma paupière, je m'écrierai avec ivresse :
AH! DU MOINS, J'AI VÉCU!